Le rêve que le roi a oublié

La prophétie s'accomplit

(Poésie à colorier)

Créée par
Krister A. F. Pontvik

Illustrée par
Kathy S. Guerra

Le rêve que le roi a oublié : La prophétie s'accomplit. Poésie à colorier

Auteur : Krister A. F. Pontvik

Illustration : Kathy S. Guerra

Édition et conception : Pablo D. Ostuni

Traduit en français : A. Brodén

Première édition : Octobre MMXXII

ISBN : 9798845929815

Messages à l'auteur : kaf.pontvik@gmail.com

Présentation

Est-il possible de connaître l'avenir avant qu'il n'arrive ? Saviez-vous qu'il existe une prophétie annoncée il y a 2 500 ans qui s'accomplit aujourd'hui ?

Dans ce livre de coloriage, vous allez découvrir le rêve du roi de Babylone (Nabuchodonosor, 630-562 av. J.-C.), l'un des plus grands empires du monde, dont l'interprétation décrit en détail les hauts et les bas de la politique en Europe à travers l'Histoire jusqu'à nos jours. En lisant la poésie et en coloriant les images de cette étonnante révélation, vous verrez son accomplissement dans les grands gouvernements de cette planète.

Accompagnez le plus petit de votre famille dans ce voyage passionnant qui nous donne la sécurité d'un avenir meilleur, au milieu d'un monde en confusion. Les prédictions de ce formidable rêve se sont jusqu'à présent parfaitement réalisées. Par conséquent, ce qui n'a pas encore été accompli arrivera très bientôt !

Dans un monde de problèmes et de défis, rappelez-vous : vous êtes un être unique, important et précieux !

Je remercie ma femme bien-aimée et mes filles bien-aimées pour leur soutien dans la réalisation de ce projet.

Je remercie également Kathy S. Guerra qui a su illustrer de manière excellente le texte de ce livre basé sur un poème que j'ai initialement écrit en espagnol, à Stockholm, en Suède, en 1992 et toutes les personnes qui ont collaboré d'une manière ou d'une autre pour que ce livre vous parvienne aujourd'hui.

Il y a très, très longtemps
vivait un roi très fier
Nabuchodonosor était son nom
Sa puissance était spectaculaire.

La prophétie s'accomplit

Il était le roi de Babylone,
Il fit de nombreux prisonniers captifs
après avoir conquis Jérusalem,
Parmi eux Daniel, un prophète dévoué et attentif.

La prophétie s'accomplit

Daniel et ses trois amis
ont promis de tout cœur
être fidèle à Dieu en toute chose
et s'ouvrir à Lui dans la prière sans peur.

La prophétie s'accomplit

Les quatre ont pu montrer
que Dieu bénit ses enfants
même si on pense qu'il n'est pas tout près
dès lors qu'on fait ce qu'il dit car on l'aime sincèrement.

La prophétie s'accomplit

Un jour, en pensant à l'avenir,
Le roi Nabuchodonosor rêva
que son royaume prenait fin
mais il ne pouvait l'accepter aussi simple que cela.

La prophétie s'accomplit

Quand le soleil s'est levé,
le roi se réveilla agité.
Il appela tous ses sages,
les réunit pour les consulter.

La prophétie s'accomplit

Le roi ne se souvenait pas de son rêve
et donc il a exigé
que ses sages et devins
lui rappellent le rêve oublié.

« Il est impossible pour nous de vous le rappeler ! »
répondirent-ils au roi.
Mais le roi, en colère et furieux
les a envoyés mourir sans loi.

La prophétie s'accomplit

Daniel et ses trois amis,
ont appris ce qui s'était passé.
Ils ont demandé à Arioch une rencontre avec le roi
et leur demande fut exaucée.

La prophétie s'accomplit

Daniel avait une grande confiance en Dieu
et il promit au roi
de pouvoir lui rappeler le rêve oublié
et lui en donner l'interprétation par sa foi.

La prophétie s'accomplit

Le roi lui donna le temps nécessaire
et avec ses amis Daniel pria Dieu
lequel lui montra le rêve du roi
et lui expliqua également son sens mystérieux.

La prophétie s'accomplit

Daniel s'est alors présenté devant le roi
lui racontant tout le rêve détaillé,
et lui parlant aussi de la grandeur de Dieu
car seul Dieu connaît l'avenir caché.

La prophétie s'accomplit

Daniel dit au roi :
Vous avez vu une statue d'une forme humaine
Imposante et puissante
qui représentait l'avenir de ce monde, cette terre malsaine.

La prophétie s'accomplit

La statue était très grande,
si grande que vous étiez effrayés.
La statue se tenait devant vous
et sa terrible apparence vous a choqué.

La prophétie s'accomplit

La tête de la grande statue
était constitué d'or cher et précieux;
ceci représente le royaume que tu gouvernes
avec grand sérieux.

La prophétie s'accomplit

La poitrine et les bras étaient en argent,
ce qui a moins de valeur :
Ce sont les Mèdes et les Perses
qui renverseront ton royaume à une certaine heure.

La prophétie s'accomplit

Le ventre était en bronze,
C'est le royaume de la Grèce,
qui avec un règne sans égal
vaincra les Mèdes et les Perses.

La prophétie s'accomplit

Les pieds étaient en fer,
Ceci représente la grande puissance de l'empire Romain
Comme Dieu l'a annoncé au roi
Ce sera le dernier empire humain

Cette grande puissance
aura une armée détruisant tout sur son passage,
et cette puissance ne sera vaincue que
pour avoir fait devant Dieu ce qui est mal et pas sage.

La prophétie s'accomplit

Daniel dit aussi au roi :
Ce mélange de fer et d'argile de potier
que tu as vu aux pieds et aux orteils,
représente un royaume qui sera divisé.

Les pieds seront les peuples barbares
que l'empire Romain vaincra
Ils représentent également l'union entre l'Église et l'État,
union qui essaiera de changer la loi de Dieu en ce jour-là.

La prophétie s'accomplit

Oui, certains ont déjà essayé et échoué
Ceci a été prédit par les cieux
Car Dieu sait ce qui arrivera demain
et tu peux toujours faire confiance en Dieu.

Tu pourras vérifier la vérité dans l'Histoire
de ce grand rêve que Dieu donna au roi sur l'avenir.
Et ainsi tu comprendras que Dieu sait tout,
Tu peux lui faire confiance et tout lui dire.

La prophétie s'accomplit

Et Daniel dit : pendant que tu étais plongé dans ton sommeil
une grande pierre tomba du ciel aux pieds de la statue
La pierre a détruit la statue et l'a réduite en poussière
Sans laisser de traces ou de ruines visibles à l'œil nu.

La prophétie s'accomplit

Cette pierre qui s'est transformée en un royaume éternel
Où l'amour inconditionnel régnera
Ce royaume est gouverné par Dieu lui-même,
Que le mal jamais ne vaincra

Même si tu ne comprends pas,
Dieu connaît ton avenir et t'aime comme soi.
Il contrôle tout avec amour,
Et se trouve près de toi et moi.

La prophétie s'accomplit

Et ainsi Daniel fit comprendre au roi
qu'à la fin de ce monde de méchanceté
les royaumes humains seront détruits
et l'amour de Dieu dans tout l'univers régnera sans épée.

C'est le royaume de Jésus, le Nazaréen,
qui est venu au monde comme un enfant depuis le ciel.
Bien que juste et bon, il est mort et ressuscité
Pour que nous puissions entrer dans son Royaume éternel.

La prophétie s'accomplit

Ce rêve est réel
et sera bientôt accompli
quand le roi Jésus revient dans les nuées
et nous emmène vivre avec lui.

Ce jour-là, il viendra dans les nuées
et avec lui tous les anges du ciel.
Jésus, le Messie, ne mettra pas les pieds sur terre
Nous nous envolerons avec les anges vers Lui et l'Éternel.

La prophétie s'accomplit

Je t'invite à être l'ami de Dieu
et recevoir son don d'amour
Je t'invite à tout donner et lui dire :
« Merci Sauveur, dans ton royaume je veux vivre pour toujours ».

La prophétie s'accomplit

Je t'invite à lui parler
comme Daniel, le prophète, l'a fait tous les jours.
Fais de la Sainte Bible ton guide
et fais le bien, à l'image de Jésus et son amour

Personnellement, j'ai accepté Jésus
et il est mon Sauveur et Ami fidèle.
Chaque jour je me rapproche de Lui,
je suis libre et heureux; il me mène à ma maison éternelle.

La prophétie s'accomplit

Et toi, l'enfant, qui lit ou écoute ce poème
tu es unique, important et précieux.
Jésus t'aime beaucoup
et il a une mission pour toi venant des cieux.

La prophétie s'accomplit

Veux-tu vivre avec le roi Jésus éternellement ?
Veux-tu qu'il soit ton meilleur ami tous les jours ?
Alors répète de tout cœur maintenant avec moi :
je t'aime, Jésus, je veux vivre avec toi pour toujours.

La prophétie s'accomplit

Si tu souhaites en savoir plus sur les prophéties et d'autres thèmes bibliques, tu peux visiter le site suivant :

https://hopebible.fr/courses/signes-des-temps

www.ingramcontent.com/pod-product-compliance
Lightning Source LLC
LaVergne TN
LVHW080818170826
845678LV00011B/2053